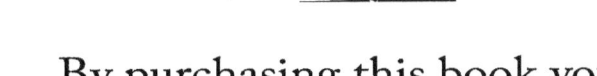

ISBN 978-0-484-29417-1
PIBN 10655145

**CIHM/ICMH
Microfiche
Series.**

**CIHM/ICMH
Collection de
microfiches.**

Canadian Institute for Historical Microreproductions / Institut canadien de microreproductio

Covers damaged/
Couverture endommagée

Covers restored and/or laminated/
Couverture restaurée et/ou pelliculée

Cover title missing/
Le titre de couverture manque

Coloured maps/
Cartes géographiques en couleur

Coloured ink (i.e. other than blue or black)/
Encre de couleur (i.e. autre que bleue ou noire)

Coloured plates and/or illustrations/
Planches et/ou illustrations en couleur

Bound with other material/
Relié avec d'autres documents

Tight binding may cause shadows or distortion
along interior margin/
La reliure serrée peut causer de l'ombre ou de la
distortion le long de la marge intérieure

Blank leaves added during restoration may
appear within the text. Whenever possible, these
have been omitted from filming/
Il se peut que certaines pages blanches ajoutées
lors d'une restauration apparaissent dans le texte,
mais, lorsque cela était possible, ces pages n'ont
pas été filmées.

Additional comments:/
Commentaires supplémentaires:

Pages damaged/
Pages endommagées

Pages restored and/or laminated/
Pages restaurées et/ou pelliculées

☑ Pages discoloured, stained or foxed/
Pages décolorées, tachetées ou piqu

Pages detached/
Pages détachées

Showthrough/
Transparence

Quality of print varies/
Qualité inégale de l'impression

Includes supplementary material/
Comprend du matériel supplémentai

Only edition available/
Seule édition disponible

Pages wholly or partially obscured by
slips, tissues, etc., have been refilme
ensure the best possible image/
Les pages totalement ou partiellemer
obscurcies par un feuillet d'errata, ur
etc., ont été filmées à nouveau de fa
obtenir la meilleure image possible.

CINQUANTENAIRE

DES RELIGIEUSES DE

NOTRE-DAME DE CHARITÉ

DU

Bon Pasteur d'Angers

À

MONTREAL.

Fêtes Jubilaires

LES 23, 24 ET 25 JUIN

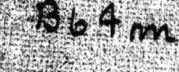

B64m

1844—1894

CINQUANTENAIRE

DES RELIGIEUSES DE

NOTRE-DAME DE CHARITÉ

DU

Bon Pasteur d'Angers

▲

MONTREAL.

Fêtes Jubilaires

LES 23, 24 ET 25 JUIN

1894.

" ECHO DES NOCES D'OR "

BON-PASTEUR D'ANGERS AU CANADA.

Dédié à notre Vénérée Mère Générale
Marie de Ste Marine.

C'est à vous, digne Mère Générale, que nous dé-
dions cet " Echo de nos fêtes Jubilaires. " Vos filles de
Montréal sont heureuses de vous en offrir l'humble
et respectueux hommage. Nous osons croire que Vo-
tre Charité, ainsi que toutes nos aimées sœurs liront
avec intérêt, ce modeste compte rendu de jours bien
mémorables pour vos enfants du Canada. Toutes vou-
dront bien remercier Dieu avec nous des faveurs ac-
cordées à notre Monastère depuis cinquante ans !

Nous avons aussi pensé que celles qui viendraient
après nous, seraient heureuses de parcourir ces pa-
ges, car on l'a dit souvent : en religion les joies et
les peines deviennent des biens de famille. Nous-mê-
mes, plus tard, nous aimerons à revoir ces lignes.
" L'ECHO DES NOCES D'OR " fera vibrer dans nos cœurs,
comme en ces jours d'actions de grâces, la fibre de no-
tre reconnaissance et de notre amour envers Jésus,
Bon Pasteur !

Que les généreux amis qui ont bien voulu nous prê-
ter leur bienveillant concours, daignent accepter nos
remercîments les plus sincères.

Jetons tout d'abord un regard sur le passé.

On est au mois de mai 1844. Un navire vient de quitter le Havre et de mettre à la voile pour le Canada. Quatre religieuses du Bon-Pasteur d'Angers ont pris place à son bord. On leur a dit : " Partez, allez planter sur les rives canadiennes l'étendard de Jésus Bon Pasteur. Allez là-bas, bien loin, par de-là l'Océan ouvrir un nouveau bercail aux brebis perdues d'Israël. Ames fortes et généreuses, elles sont parties, elles ont tout quitté ! Adieu parents chéris ! Adieu Patrie ! France bien aimée, adieu !!!

Un mois durant les dévouées missionnaires sont ballottées sur les flots. Enfin elles arrivent à Montréal.

Montréal ! Ville-Marie ! Dieu t'a bénie dans tes belles et charitables institutions. Pourtant il t'en manque encore une et le " Bon-Pasteur " vient l'implanter dans ton sol fécond. Réjouis-toi, une nouvelle phalange vient mettre à ton service ses bons exemples et ses dévouements. A la voix de ton saint et zélé Pasteur, Monseigneur Ignace Bourget, les religieuses du Bon-Pasteur sont accourues dans tes murs. Comme le divin Maître, elles viennent chercher ce qui était perdu....elles viennent panser les plaies de pauvres brebis errantes et blessées....elles viennent mettre à l'abri du loup ravisseur de tendres agneaux !....

isé.

vient de
our le Ca-
d'Angers
" Partez,
endard de
par de-là
rebis per-
lles sont
s chéris !

sont bal-
ntréal.
s tes bel-
en man-
l'implan-
nouvelle
s exem-
saint et
les reli-
s murs.
rcher ce
s plaies
les vien-
tendres

La maison qui leur était destinée n'étant pas enco-
re prête, on les conduisit à l'Hôtel-Dieu où les bonnes
religieuses les reçurent à bras ouverts. Après un sé-
jour de deux semaines, séjour dont nos vénérées Mè-
res ne perdirent jamais le souvenir, elles prirent pos-
session de leur nouvelle demeure. Les voyez-vous se
diriger vers une pauvre habitation du Faubourg
Québec ! C'est là, dans cette humble masure de la rue
Brock, qu'elles passeront de longs mois. Cette mai-
son était bien misérable ; cependant elle avait couté
bien des sacrifices au Rev. messire Arraud qui fut
toujours pour nous un vrai père, autant qu'un insigne
bienfaiteur. Là, durant de longs mois, nos Mères con-
nurent toutes les privations, elles furent aux prises
avec la plus extrême pauvreté. Mais ces dignes filles
de notre Vénérée Fondatrice, le savaient, toute fon-
dation doit commencer avec la Croix ; plus elle gran-
dit à l'ombre de cet arbre béni, plus elle devient
forte, plus elle porte de fruits.

Cinquante ans se sont écoulés depuis l'arrivée de
nos premières Mères en Canada. Ce cinquantenaire
ne pouvait passer inaperçu. La reconnaissance nous
faisait un devoir de célébrer dignement un anniver-
saire si fécond pour nous en souvenirs comme en pré-
cieux enseignements. Aussi, depuis longtemps, nous
attendions avec impatience cette date mémorable,
il nous tardait de redire au ciel par un Triduum so-
lennel notre profonde gratitude. Dans cette pensée,
il avait été décidé que les 23, 24 et 25 juin seraient

des jours d'actions de grâces et de prières. Monsei-
gueur l'Archevêque de Montréal à qui l'on commu-
niqua ce projet daigna l'agréer. Bien plus, non seule-
ment Sa Grandeur autorisa ces fêtes jubilaires, mais
Elle s'engagea à venir officier pontificalement dans
notre petite chapelle, le dernier jour du Triduum.

La veille de l'ouverture du Triduum nous sou-
haitions la bienvenue aux Mères Prieures de nos mo-
nastères de la rue Fullum, de St Hubert, de l'Acadé-
mie St Louis de Gonzague, d'Halifax N. E. et de St.
Jean N. B. Par une permission extraordinaire, nos
aimées sœurs des maisons les plus rapprochées vin-
rent aussi à tour de rôle prendre part à cette grande
fête de famille. La joie rayonnait sur tous les fronts,
faisait battre tous les cœurs. Au bonheur de se retrou-
ver encore ensemble se joignait pour celles d'entre
nous que l'obéissance avait appelées ailleurs, la dou-
ce et suave consolation de revoir le berceau de leur
vie religieuse, de s'agenouiller dans cette chapelle té-
moin de leurs engagements sacrés à Jésus Bon Pasteur.

Quel beau spectacle offre le sanctuaire ! Le vieil au-
tel en bois qui semblait demander sa retraite, après
ses longues années de service a disparu. Il a fait pla-
ce a un autel en marbre dont la blancheur éblouis-
sante fait ressortir les nuances vives des tentures de
toutes sortes dont la chapelle est ornée....Six ma-
gnifiques bannières données par nos différentes mai-
sons, forment avec autant d'oriflammes une partie de
la décoration. Trois anges suspendus à la voûte du
sanctuaire et portant le chiffre 50 semblent descen-
dre du ciel et nous dire que là-haut aussi on fête
nos " Noces d'Or. " L'un tient une harpe et les deux

es. Monsei-
'on commu-
non seule-
laires, mais
ment dans
l'riduum.

nous sou-
de nos mo-
de l'Acadé-
l. et de St
naire, nos
chées. vin-
tte grande
s les fronts,
e se retrou-
es d'entre
rs, la dou-
au de leur
hapelle té-
n Pasteur.
e vieil au-
lite, après
a fait pla-
r éblouis-
ntures de
.Six ma-
ntes mai-
partie de
voûte du
t descen-
si on fête
les deux

autres des fleurs. Pour le salut du St Sacrement deux
autres anges, un encensoir d'or à la main, viendront
se joindre aux premiers.

Un riche tapis complète les ornements de la partie
inférieure du sanctuaire.

Au-dessus de l'autel on aperçoit des lettres d'or
formant l'inscription suivante ; " *Habebitis hanc diem
in monumentum et celebrabitis eam solemnem Domino* "
(Vous conserverez le souvenir de ce jour comme un
monument et vous le célébrerez d'une manière so-
lennelle, à la gloire du Seigneur.

Plus haut et touchant presqu'à la voûte se trouve
un tableau à l'huile de 18 pds. par 7 représentant la
divine Bergère au milieu de ses brebis. Au loin,
la bergerie surmontée d'une croix est entourée de
verdoyants pâturages ou de petits agneaux prennent
leurs ébats. Dans un coin sombre, près de la porte de
l'enclos, on aperçoit un loup aux yeux menaçants,
deux pauvres petites brebis semblent avoir échappé
à sa poursuite et se refugient toutes tremblantes sous
le manteau protecteur de leur douce Gardienne. Les
autres brebis sont au guet comme pour demander
ce qui se passe d'inaccoutumé.

Ce tableau d'un effet très saisissant, a fait beau-
coup d'impression sur les enfants de nos différen-
tes classes.

Deux belles statues du Bon Pasteur, l'une en bois,
l'autre en bronze sont destinées à conserver le sou-
venir du cinquantenaire. La première est adossée à
la grille du chœur des religieuses et fait face au
sanctuaire. L'autre, haute de 9 pieds, est installée
dans la niche de la façade de notre chapelle. Notre

chœur a revêtu lui aussi une charmante parure. Au milieu de festons, de drapeaux, de verdure, on lit ces paroles : " Venez et voyez les œuvres du Seigneur, vrais prodiges qu'il a opérés sur la terre."

Trois rangées de stalles neuves ont remplacé les anciennes placées maintenant dans le chœur des madeleines. Inutile de dire que ces bonnes vieilles servantes ont été accueillies avec joie et reconnaissance par leurs nouvelles occupantes.

Comme la chapelle, comme le chœur, le jardin et les corridors ont pris eux aussi un air de fête. Partout on voit des inscriptions, partout flottent des oriflammes. A l'extérieur au-dessus de la croix du clocher se déploient majestueusement les couleurs pontificales. Sur les autres parties du monastère on voit le drapeau de la mère-patrie s'agiter gaiement sous le souffle du vent. Le chiffre 50 qui se lit partout fait connaître à tous le motif de l'allégresse du monastère.

Après la récréation du soir, la cloche nous réunit auprès de notre très honorée Mère Provinciale. " Ne l'oublions pas, nous dit-elle, les fêtes que nous allons célébrer doivent être des jours d'actions de grâces et de prières. Remercions beaucoup et prions beaucoup. Remercions beaucoup Jésus Bon Pasteur pour les faveurs sans nombre accordées à notre monastère durant ce demi-siècle. Prions beaucoup pour les années à venir. Prions surtout pour les âmes qui nous sont confiées, répétons avec plus d'ardeur que jamais durant ces jours bénis ce cri de nos cœurs : des âmes, des âmes, ô Jésus, donnez-nous des âmes

parure. Au
ure , on lit
res du Sei-
r la terre.'
emplacé les
eur des ma-
vieilles ser-
onnaissance

le jardin et
e fête. Par-
ent des ori-
oix du clo-
uleurs pon-
ère on voit
ment sous
artout fait
monastère.

ous réunit
rovinciale.
que nous
actions de
et prions
n Pasteur
notre mo-
coup pour
âmes qui
deur que
s cœurs :
des âmes

pour les conduire au ciel !....Faisons aussi dans nos
supplications une part bien large à tous nos bienfai-
teurs. Nous n'avons que la prière pour acquitter no-
tre dette, offrons-la bien ardente, en cette fête de la
gratitude, pour tous ceux qui nous font du bien....

II

SAMEDI 23 JUIN——1er JOUR DU TRIDUUM.

La nature semble se réjouir avec nous. Il fait un
temps magnifique ; le ciel est pur et serein. Pourtant
dans notre ciel à nous, il y a un nuage ; l'absence de
notre digne et bien-aimée Mère Générale. Pendant de
longs jours, nous avions vécu dans la plus vive espé-
rance. Le silence s'était fait après nos lettres d'in-
vitation, aussi nous espérions et....nous attendions !
Mais c'eut été trop de bonheur !....C'eut été trop de
faveurs en une seule fois ; nous l'avons bien compris :
nous ne le méritions pas. Cependant, combien nous
aurions été heureuses de la voir cette Mère vénérée
que nous aimons tant. La pensée que bientôt elle se-
rait peut-être au milieu de nous, nous faisait tres-
saillir d'allégresse. Bien doux était notre rêve, Mère
vénérée, mais, hélas ! ce n'était qu'un rêve. Aurons-
nous jamais le bonheur de le voir devenir une réa-
lité !....Oui, nous l'espérons encore, un jour vien-
dra où le ciel exaucera nos vœux, un jour enfin cet-
te immense faveur nous sera accordée....

La reconnaissance qui n'oublie personne, nous con-
voquait près du tabernacle dès l'aube du 23 et nous
faisait donner à Jésus les prémices de ces jours de
prières en faveur de nos chers défunts : fondateurs,

2

bienfaiteurs et membres de l'Institut. La messe et
une communion générale furent offertes à cette in-
tention. A 8½ hrs commença la messe de *Requiem* qui
fut des plus solennelles. Notre vénéré et dévoué Su-
périeur officia avec diacre et sous-diacre. Il y eut gran-
de musique à cette occasion. Dix-sept membres du
clergé prirent place dans le sanctuaire. Le sermon
fut donné par Monsieur le chanoine Bruchési, de l'Ar-
chevêché de Montréal.....L'éloquent prédicateur
commenta ces paroles de l'Apôtre aux Thessaloni-
ciens : " *Memores operis fidei vestræ et laboris, ante*
" *Deum et patrem nostrum. (I. 1. 3.)* Nous nous souve-
" nons devant notre Dieu et Père des œuvres de vo-
" tre foi et des travaux de votre charité. "

Un sentiment de pieuse reconnaissance, nous dit-
il, a inspiré la cérémonie de ce jour, et nulle parole
ne saurait mieux le rendre, ce me semble, que celles
qu'adressait l'Apôtre saint Paul aux fidèles de la
Thessalonique. Il parlait à des fils qui s'étaient mon-
trés envers lui pleins de générosité et de dévouement.
" Nous ne vous oublions pas, leur disait-il ; tous les
jours, sans cesse, *sine intermissione*, nous faisons mé-
moire de vous devant Dieu, moi et les compagnons
de mon apostolat ; le souvenir de vos œuvres de foi et
de charité est gravé dans le fond de nos cœurs. "

Et vous, mes sœurs, mues par le sentiment de gra-
titude qui animait l'Apôtre, vous pensez à toutes les
âmes charitables et zélées qui vous ont aidées dans
l'accomplissement de vos rudes travaux et qui ont
quitté cette vie ; vous pensez à vos pieux fondateurs,
à vos nombreux bienfaiteurs, à vos mères et à vos
sœurs défuntes et vous leur dites : " O vous tous qui

messe et
cette in-
quiem qui
évoué Su-
eut gran-
nbres du
e sermon
i, de l'Ar-
édicateur
hessaloni-
oris, ante
us souve-
es de vo-

nous dit-
le parole
ue celles
les de la
ent mon-
ouement.
tous les
sons mé-
npagnons
de foi et
urs. "
t de gra-
utes les
ées dans
qui ont
dateurs,
et à vos
tous qui

nous avez aimées et secourues, notre pensée vous suit au-delà de la tombe ; vos conseils, votre précieux concours, vos généreuses offrandes nous sont connus ; le souvenir s'en transmet de génération en génération ; vos noms restent entourés de notre vénération la plus tendre, et tous les jours, *sine intermissione,* nos prières montent pour vous vers le Tout-Puissant. Et dans ces fêtes joyeuses qui s'ouvrent aujourd'hui pour notre famille religieuse, c'est à vous, défunts bien-aimés, que nous avons pensé tout d'abord. Oui, pour vous la première offrande de l'auguste Sacrifice, pour vous notre première prière : *Memores operis fidei vestræ et laboris ante Deum et patrem nostrum !* "

Vous célébrez, mes sœurs, le cinquantième anniversaire de votre arrivée à Montréal, et dans l'Eglise comme dans la société, vos amis,——ils sont nombreux——ont répondu à votre invitation pour s'unir à vous dans un même sentiment d'allégresse et d'actions de grâces.

Au milieu des tristesses de l'heure présente, ces fêtes font du bien à l'âme et la réconfortent, en lui montrant la vitalité de nos œuvres catholiques et l'étonnant progrès accompli par nos instituts religieux en dépit de tous les obstacles.

L'an dernier, c'étaient les sœurs de la Providence qui célébraient leurs NOCES D'OR ; c'est votre tour aujourd'hui, Sœurs du Bon-Pasteur ; après vous, et bientôt, viendront les sœurs des saints noms de Jésus et Marie et les sœurs de Ste Anne, communautés apparues sur notre sol vers la même époque et sous le même souffle créateur ; humbles grains de sénevé tous plantés par une main puissante et sainte, et devenus maintenant, grâce à la bénédiction du ciel, ces arbres admirés de tous, qui étendent au loin leur vigoureux rameaux. Quel bien, mes sœurs, n'avez-vous pas accompli pendant ces cinquante ans ! Vouées par état à la plus belle et la plus touchante des œuvres de miséricorde, que de cœurs meurtris vous avez guéris ; que de pauvres coupables vous avez ramenées dans la voie du devoir et de l'honneur ; que d'âmes désespérées vous avez ouvertes à la confiance ! Que de hontes et de misères votre tendresse et votre discrétion ont secourues et abritées ! Combien d'infortunées enfants séduites par les appâts trompeurs du monde, ont dû à votre zèle maternel le retour à l'innocence, et vous devront l'éternelle couronne de gloire ! Vous en savez plus que nous tous sur ces touchants mystères de la grâce et de la miséricorde divine, mais les Anges du ciel en savent béaucoup plus que vous encore.

Oui, ici, se continue dans le secret, dans l'abnégation, le dévouement et le sacrifice l'œuvre du Bon-Pasteur. Quand on visite vos salles ou qu'on lit votre histoire, peut-on ne pas se rappeler les plus touchants enseignements et les plus attendrissantes grâces du Divin Maître ? On l'entend qui vous dit : " Je suis venu ici-bas pour les pécheurs et non pas pour les justes. En vérité la conversion d'un pécheur donne plus de joie au ciel que la persévérance de quatre-vingt-dix-neuf justes. Je suis le Bon Pasteur et je donne ma vie pour mes brebis. " On le voit, allant vers les pécheurs et mangeant à leur table ; on le voit fatigué, assis sur le puits de Jacob, attendant la pauvre Samaritaine dont il va toucher le cœur pour

du ciel, ces
loin leur vi-
n'avez-vous
is ! Vouées
nte des œu-
s vous avez
avez rame-
ir ; que d'â-
confiance !
sse et votre
mbien d'in-
s trompeurs
le retour à
ouronne de
ous sur ces
miséricorde
t beaucoup

s l'abnéga-
e du Bon-
l'on lit vo-
s plus tou-
santes grâ-
vous dit :
et non pas
m pécheur
ice de qua-
Pasteur et
oit, allant
le ; on le
tendant la
cœur pour

en faire d'abord une sainte, puis un des plus zélés té-
moins de sa divinité ; on le voit pardonnant à la fem-
me adultère et la congédiant avec cette divine paro-
le ; " Je ne te condamnerai pas moi non plus, va en
paix, mais ne pèche plus ; " on le voit enfin avec Ma-
deleine qui pleure, l'âme brisée, à ses pieds ; Made-
leine la pécheresse qui va devenir une sainte et le
modèle des pénitentes. Ce que Jésus a dit, ce qu'il a
fait, ne le dites-vous pas, ne le faites-vous pas vous-
mêmes, mes sœurs ?

Mais aujourd'hui vous vous oubliez vous-mêmes
pour remercier tous les bienfaiteurs défunts qui vous
aidèrent dans votre noble et laborieuse mission. Les
fils et les amis de ceux que vous honorez ainsi en sont
touchés mais non surpris. Ils savent que dans les cloi-
tres, plus que partout ailleurs, on a la mémoire du
cœur, et que l'on ne sait pas manquer aux promesses
de l'honneur et de l'amitié. Pauvres morts, ah ! qu'ils
sont vite oubliés dans le monde ! On pleure sur leur
cercueil, on parle d'eux pendant quelques jours ou
quelques semaines, et bientôt le silence se fait sur
leur nom, même parmi ceux qu'ils ont le plus aimés.
Mais au monastère il n'en est pas ainsi. On s'y sou-
vient du plus modeste comme du plus riche des bien-
faiteurs ; la religieuse a sous les yeux leur image ou
leur nom vénéré ; l'anniversaire de leur mort ne
passe pas inaperçu et il n'est point de jour où l'on
ne demande à Dieu de leur accorder l'éternel repos. "

M. le prédicateur rappelle alors les noms de nos
plus insignes bienfaiteurs et bienfaitrices : " Mme
Quesnel, Mme. Laframboise, Mme. Viger, M. Laroc-
que, M. Malo, M. Rodier, M. Cherrier. Je ne puis

les nommer tous ici, dit-il, mais vos annales ont en-
régistré avec reconnaissance leurs actes de générosi-
té. " C'est avec une émotion qui se communiqua à
tout son auditoire, qu'il nous parla de Mgr Ignace
Bourget, de sainte et douce mémoire, celui qui nous
appela dans son diocèse, nous reçut avec une si pa-
ternelle bonté et nous recommanda avec une éloquen-
ce si persuasive dans tous nos pénibles débuts, à la
charité de ses diocésains. " Qui dira, continua M. le
prédicateur, tout ce qu'il fit pour le soutien et la
prospérité de votre œuvre : les sages règlements qu'il
vous traça, les lettres si belles qu'il vous écrivit, l'en-
couragement qu'il vous donna aux jours de l'épreu-
ve, ses conseils en toute circonstance difficile, ses
instructions si pleines d'onction et de piété, qui vous
rappelaient les discours de St Vincent de Paul et de
Saint François de Sales. " Il décerna également un
juste tribut d'éloges à notre dévoué Père Arraud, ce
charitable prêtre qui sous une apparence rude et sé-
vère cachait le cœur le plus compatissant et le plus
tendre, la Providence visible de notre monastère ;
celui qui bien souvent tendit la main aux riches en
notre faveur. M. Bruchési nous parla ensuite de nos
sœurs défuntes : de celles qui reposent ici dans notre
cimetière, et de celles qui sont mortes au loin dans
les missions qu'elles avaient fondées. Il s'étendit sur
leurs travaux, leurs sacrifices, la gloire qu'elles ont
donnée à Dieu, à l'Eglise et à la Patrie. Il termina
ainsi : " Ah ! si le ciel s'ouvrait en ce moment à nos
regards, ne croyez-vous pas que nous les y aperce-
vrions glorieux et triomphants, ces bienfaiteurs, ces
bienfaitrices dévouées, ces saintes religieuses qui fu-

les ont en-
le générosi-
muniqua à
Mgr Ignace
ui qui nous
une si pa-
ne éloquen-
lébuts, à la
tinua M. le
itien et la
ments qu'il
rivit, l'en-
le l'épreu-
fficile, ses
s, qui vous
Paul et de
ement un
Arraud, ce
ude et sé-
et le plus
onastère ;
riches en
ite de nos
dans notre
loin dans
tendit sur
'elles ont
l termina
ient à nos
y aperce-
eurs, ces
es qui fu-

ent vos sœurs et pour qui vos chants pieux deman-
dent en ce moment la délivrance et le bonheur ?
Oui, j'en ai la confiance, c'est à vous plus qu'à eux-
mêmes que profiteront ces prières. Pour eux, ils sont
entrés dans l'éternelle paix ; ils ont reçu la récom-
pense de leurs labeurs apostoliques ou de leurs abon-
dantes charités. C'est par des cantiques d'allégresse
qu'ils répondent à vos chants funèbres. Ils connais-
sent vos besoins et les présentent au Seigneur. Comp-
tez, mes sœurs, sur ces célestes amis. Ils seront vos
protecteurs là-haut mieux encore qu'ils ne le furent
ci-bas. Ainsi soit-il ! "

Presque toute la journée se ressentit de la pieuse
cérémonie du matin. On sentait que c'était fête,
mais quelque chose de la gravité de la mort planait
sur le monastère. A 5 hrs cependant, les joyeux ac-
cords de l'orgue nous conviant au chœur pour le sa-
lut du St Sacrement, rendirent à nos âmes une dou-
ce allégresse.

Le chant, la musique, la parure, tout faisait pen-
ser au ciel. Tout nous portait à dire notre gratitude
à Celui que nous adorions là sur l'autel et qui nous
faisait goûter tant de bonheur !

III

DIMANCHE 24 JUIN 2ème JOUR DU TRIDUUM.

Le deuxième jour de nos fêtes jubilaires, le soleil
se leva encore tout radieux ! ... Dans nos âmes il fai-
sait aussi bien beau !.... Les grâces se faisaient tou-
jours plus nombreuses et plus douces. Ce matin là il

y eut plusieurs messes basses et la communion générale fut offerte pour tous nos bienfaiteurs vivants. Une grand'messe fut aussi chantée à leur intention à 8½ hrs. Le célébrant fut le révérend Père Jodoin; supérieur. O. M. I. assisté de diacre et sous-diacre. Il y avait au chœur plusieurs membres du clergé comme au premier jour. Notre petite chapelle était remplie de fidèles.

Avant et après la grand'messe, aux harmonies de l'orgue se joignaient les mélodies de la harpe, de la guitare et de la mandoline. C'étaient nos sœurs de l'Académie St Louis de Gonzague qui avaient tenu à nous prêter leur pieux concours. Nos pauvres enfants des classes étaient si touchées de ces morceaux de musique que plusieurs ne pouvaient retenir leurs larmes. La messe fut chantée en musique. A l'offertoire, unissant intérieurement nos voix au chant du " *Gaudeamus in Domino* " nous disions à Dieu ; Qu'il est bon, qu'il est doux, Seigneur, de se réjouir en vous, de vous remercier de vos bienfaits ! ......

Les cérémonies de l'après-midi ne le cédèrent en rien à celles de la matinée. A 3 hrs, eurent lieu les vêpres solennelles présidées par le Rév. E. Laramée, curé de Governor, E. U. Les vêpres furent suivies d'un touchant sermon donné par le Rév. Père Desjardins S. J. sur la religieuse du Bon-Pasteur. La bénédiction du St Sacrement couronna la journée. Comme le matin, musique, décoration, illumination, tout fut magnifique.

IV

LUNDI 25 JUIN 3ème JOUR DU TRIDUUM.

C'est le grand jour par excellence......le jour

ion généra-
ivants. Une
tion à 8½ hrs.
n; supérieur,
Il y avait au
e au premier
le fidèles.
armonies de
harpe, de la
os sœurs de
vaient tenu
pauvres en-
es morceaux
etenir leurs
e. A l'offer-
au chant du
ns à Dieu ;
le se réjouir
its ! . . . . . .
cédèrent en
rent lieu les
E. Laramée,
:ent suivies
Père Desjar-
ur. La béné-
urnée. Com-
ination, tout

IDUUM.

. . . .le jour

pécialement consacré à l'action de grâces ! Jamais,
eut-être même aux plus beaux jours de notre vie,
ous avons éprouvé plus vivement le besoin de té-
moigner au ciel notre reconnaissance la plus profon-
de et la plus sincère. " *Gratias agamus* " redisions-
ous à chaque instant. Qu'il faisait bon, surtout après
a sainte communion, laisser notre âme redire cent
ois : merci, mon Dieu, merci pour tous vos bienfaits !

A 9 hrs eut lieu la messe pontificale célébrée par
a Grandeur Monseigneur l'Archevêque de Mont-
éal, assisté d'un nombreux clergé. La messse royale
fut chantée alternativement par les religieuses et
par les enfants de nos classes. Ces deux chœurs pro-
duisaient un effet ravissant !

Après l'évangile, M. l'abbé Colin, supérieur du sé-
minaire de St Sulpice développa ces paroles de nos
Livres Saints " *Notas facite in populis adinventiones
ejus*——Faites connaître au milieu des peuples ses
admirables inventions. "

Il nous parla des merveilles de miséricorde opé-
rées par Dieu lui-même et par la religieuse du Bon-
Pasteur ; il insista sur les moyens employés par la
religieuse pour conquérir les âmes. Sa voix émue fit
couler nos larmes quand il nous peignit la justice et
a sainteté divine, haïssant souverainement le péché,
aux prises avec la miséricorde infinie poursuivant
e pécheur malgré ses crimes, afin de pouvoir le com-
ler, ou plutôt, l'accabler de ses bienfaits.

Il montra ensuite la religieuse du Bon-Pasteur imi-
ant Jésus par la haine dont son innocence est pé-
étrée pour le péché et la tendresse qu'elle témoi-
ne aux âmes égarées.

3

Le prodige de la conversion, nous dit-il en termi-
nant, s'opère par le concours de deux volontés. Ce
concours, il est à la portée de toutes les âmes : c'est
la rencontre, aux pieds de Dieu, de la prière du juste
avec le repentir du coupable.

A l'offertoire " l'*Alma Virgo* " fut chanté par le
chœur des religieuses.

V

SEANCE DU 25 JUIN

Après la messe, les membres du clergé au nombre
de cinquante-quatre et les principaux bienfaiteurs de
notre monastère accompagnèrent Sa Grandeur à la
communauté où devait se donner une petite séance.
Notre modeste salle de réception avait revêtu ses
plus belles parures. En y entrant on lisait au milieu
des fleurs et des festons " Seigneur, vous êtes deve-
nu un refuge pour le pauvre, une force pour l'indi-
gent dans sa tribulation, un espoir contre la tempê-
te, une ombre contre la grande chaleur. "

Au fond de la salle se dressait une large estrade
sur laquelle montèrent celles de nos enfants qui
avaient quelque chose à dire ou à chanter. Les autres
formaient un cercle autour de la salle.

Le siége destiné à Monseigneur se trouvait au mi-
lieu, à quelque distance de l'estrade. Des dentelles
blanches relevées par des chaînes d'or auxquelles ve-
naient se joindre des touffes de feuilles d'érables éga-
lement en or, formaient un coup d'œil ravissant. Aux
colonnes étaient suspendus les monogrammes de no-

il en termi-
volontés. Ce
âmes : c'est
ère du juste

anté par le

au nombre
nfaiteurs de
andeur à la
tite séance.
t revêtu ses
it au milieu
s êtes deve-
  pour l'indi-
e la tempê-
"
rge estrade
enfants qui
. Les autres

nvait au mi-
les dentelles
xquelles ve-
'érables éga-
vissant. Aux
mmes de no-

tre vénérable Père Eudes, de notre vénérée Mère
Marie de Ste Euphrasie, de notre première supérieu-
re en Canada : M. de Ste Céleste et de notre Mère ac-
tuelle, M. de St Alphonse de Liguori.

Au fond apparaissait une belle statue de la Ste
Vierge.————Cette bonne Mère semblait nous sou-
rire et prendre part à la fête. D'un côté de l'estrade
se trouvait le buste de Monseigneur Bourget, de l'au-
tre, celui de Monseigneur Fabre. Sur les murs de la
salle on apercevait les portraits de notre vénérée
Mère Fondatrice et de notre regrettée Mère Généra-
le Marie de St Pierre, ainsi que ceux de nos princi-
paux fondateurs et bienfaiteurs.

A 11 hrs, Monseigneur fit son entrée aux sons joy-
eux d'un joli duo de piano. Le morceau terminé, une
toute petite fille de la préservation, vêtue de blanc,
arriva sur l'estrade. Après une gracieuse inclination
elle dit les vers suivants :

Aux premiers feux de la brillante aurore,
Le jour naissant offre au Dieu qu'on adore
Ses chants joyeux et son plus pur encens.
Au souffle aimé des zéphyrs caressants,
De chaque fleur entr'ouvrant sa corolle
Vers l'Eternel un doux parfum s'envole ;
Ainsi vers toi de tous nos cœurs aimants
Montent d'abord nos plus doux sentiments.

Combien il nous tardait, ajouta-t-elle, de voir arri-
ver ce beau jour et avec quel bonheur nous en avons
salué l'aurore ! Mais hélas ! comment redire ce que
nous éprouvons. Nos bouches enfantines ne sauraient

trouver des expressions assez belles pour rendre les ineffables émotions qui se partagent nos âmes en ce moment. Nous laisserons parler nos cœurs avec toute leur naïveté. Venez, ô vous, nos aînées dans cette maison, donnez libre cours aux sentiments de votre gratitude ; aidez-nous à remplir le doux devoir de la reconnaissance ! Nos voix réunies formeront un concert que l'indulgence de nos illustres visiteurs ne pourra s'empêcher d'applaudir. Venez avec confiance, ces nobles âmes comprendront la voix de notre reconnaissance. Pour leurs cœurs, nos humbles accents vont paraître ravissants d'harmonie.

Après cette enfant vint une jeune fille portant une bannière sur laquelle se lisait en lettres d'or : " FON-DATION " " 1844—1894 " Elle fit en quelques mots le récit de la fondation de Montréal.

Monseigneur Ignace Bourget, dit-elle, avait demandé à plusieurs reprises à la vénérée Mère du Bon-Pasteur à Angers, d'envoyer ses filles établir une maison de son ordre à Montréal ; mais jusqu'en 1844 il n'avait obtenu que des espérances ; ce fut Monseigneur Provencher qui la détermina à se rendre à ses vœux : " Eh quoi ! dit-il à nos Mères d'Angers, Dieu vous appelle à Montréal et vous résisteriez. Il y a sur les rives du St Laurent des âmes qui vous réclament, des âmes qui se perdront sans vous et vous resteriez insensibles à leurs supplications : vous les laisseriez se perdre pour jamais. " " Que l'obéissance m'y envoie, s'écrie la révérende Mère Marie de Ste Céleste, et j'y volerai de grand cœur. " " Moi aussi. " répétèrent plusieurs voix. Trois seulement cependant furent choisies avec notre Mère fondatrice : le

ur rendre les
nos âmes en
s cœurs avec
iées dans cet-
ments de vo-
doux devoir
formeront un
s visiteurs ne
z avec con-
voix de no-
nos humbles
nonie.

portant une
s d'or : " FON-
ielques mots

le, avait de-
Mère du Bon-
iblir une mai-
n 1844 il n'a-
Monseigneur
à ses vœux :
s, Dieu vous
Il y a sur les
is réclament,
ous resteriez
les laisseriez
ance m'y en-
de Ste Cé-
Moi aussi. "
ment cepen-
idatrice : les

révérendes mères M. de St Gabriel, M. de St Ignace et M. de St Barthélemy. A quelques jours de là, la diligence conduisait au Havre les quatre apôtres et le 7 juin elles débarquèrent à Montréal

Quelques semaines plus tard elles s'installèrent dans une pauvre maison de la rue Brock, qui fut le premier refuge du Bon-Pasteur à Ville-Marie. Là, ces nobles exilées vivent d'aumônes et du produit de leur travail. Elles se livrent aux ouvrages les plus humbles et les plus pénibles, fabriquent du savon, blanchissent le linge comme de pauvres servantes. La nuit venue elles n'ont pas même un bon lit pour se reposer, car elles donnent ce qu'elles ont de mieux aux pauvres enfants refugiées sous leur toit. Quelle vie ! comme le divin Maître doit l'avoir pour agréable !... Comme elles sont heureuses en songeant aux âmes qu'elles arrachent à l'ennemi du salut, en leur procurant un abri protecteur contre le crime et la misère !......Avec quelle ferveur elles demandent à Dieu de susciter dans Montréal des âmes pour leur venir en aide et continuer leur œuvre quand elles auront quitté la terre. Leurs prières sont exaucées ! Attirées par cette vie toute d'abnégation et de sacrifice plusieurs jeunes personnes sollicitent leur entrée au Monastère et de ce côté l'œuvre de la fondation du Bon-Pasteur se trouve assurée.

Après avoir déposé sa bannière sur un piédestal destiné à la recevoir, la jeune fille s'incline et se retire pour faire place à une de ses compagnes.

Sur la bannière de celle-ci est une corne d'abondance d'où s'échappent des fleurs et des fruits, surmontée de ce mot : " BIENFAITEURS. "

Reconnaissance, dit-elle, à nos bien-aimés Prélats, à Monseigneur Bourget fondateur de la maison du Bon-Pasteur en Canada, à Monseigneur Fabre, l'appui et le promoteur des œuvres du Bon-Pasteur.

Reconnaissance aux vénérés Archevêques et Evêques d'Halifax, de St Jean, d'Ogdensburg et de St Hyacinthe, qui ont contribué à l'extension des œuvres de la Communauté par des fondations et les secours spirituels qu'elle en a reçus. Reconnaissance à notre bon Père Arraud et au séminaire de St-Sulpice, à qui le Bon-Pasteur est redevable de sa première maison à Montréal, de son entretien pendant plusieurs années, du couvent de St Hubert : à lui encore reconnaissance pour le bien qu'il a fait à notre maison en lui procurant la plupart de ses bienfaiteurs. Reconnaissance à Madame Viger qui a fait don du terrain sur lequel se trouve actuellement le monastère Provincial du Canada. A Madame Quesnel qui, à l'exemple du Sauveur, s'est fait pauvre pour mieux nous aider de ses libéralités pendant quinze ans.

Reconnaissance à monsieur Berthelet qui a construit une aile de la maison et allait commencer l'autre quand la mort est venue couronner toute une vie de bonnes œuvres. Reconnaissance à monsieur Rodier qui a assuré à la maison une rente perpétuelle de huit cents piastres ; à messieurs LaRocque, Cousineau, Malo, Comte, Brissette, dont les aumônes se comptent également par milliers de piastres.

Reconnaissance à tous les bienfaiteurs vivants dont la présence en ces lieux nous oblige de taire les noms inscrits dans nos annales et dans nos cœurs en caractères ineffaçables

imés Prélats,
la maison du
r Fabre, l'ap-
a-Pasteur.
èques et Evê-
ourg et de St
sion des œu-
ions et les se-
econnaissance
ire de St-Sul-
de sa premiè-
tien pendant
ubert : à lui
'il a fait à no-
de ses bien-
iger qui a fait
ctuellement le
Madame Ques-
t pauvre pour
ant quinze ans.
let qui a cons-
mmencer l'au-
toute une vie
nsieur Rodier
ctuelle de huit
Cousineau, Ma-
se comptent

s vivants dont
taire les noms
eurs en carac-

Reconnaissance à ces âmes généreuses qu'il nous
st impossible de mentionner toutes, mais qui ne se-
ont jamais oubliées à cause du bien qu'elles ont fait
la maison du Bon-Pasteur.

Pendant qu'elle se retire une musique grave et
olennelle se fait entendre. En même temps une au-
tre petite fille apparait avec une bannière où l'on voit
es mots " NOS ŒUVRES " La plaçant au centre de
estrade elle y demeure tout le temps que dure le
éfilé des classes. Nos Madeleines viennent les pre-
ières revêtues de leurs longs manteaux noirs. Elles
ont précédées par une novice portant une bannière
ur laquelle se dessinent deux couronnes, l'une d'é-
ines, l'autre de roses. Entre les deux couronnes on
it : LES SŒURS MADELEINES—1864—Les sœurs qui
archent après elle forment un demi-cercle, qui part
u milieu de l'estrade et se prolonge de chaque côté
usqu'au fond de la salle. C'est un tableau vraiment
mposant et qui fait couler bien des larmes. L'émotion
st plus grande encore quand la future madeleine
it, d'une voix vibrante. d'émotion le récit suivant :
Grâce à notre vénérée Mère Fondatrice, la vie
ligieuse est maintenant la part d'une multitude
personnes qui sont venues frapper à la porte de
t asile. Qu'il me soit permis de raconter l'histoire
une de ces âmes fidèles imitatrices de Ste Marie
adeleine, qui se sont attachées au Bon-Pasteur par
s liens de la profession religieuse. Une jeune fille,
iginaire de New-York, avait été élevée dans le pro-
stantisme. Douée d'une intelligence d'élite elle
mmença jeune encore à soupçonner l'erreur de
tte religion. Petite enfant elle faisait au minis-

tre, sur la Bible, des questions et des observations qui l'embarrassaient. Le *clergyman* lui répondait qu'elle était trop jeune pour approfondir les saintes Ecritures. Eh bien ! répliquait-elle, je les étudierai, je veux connaître la vérité. A un esprit pénétrant, elle joignait un extérieur charmant. Mais hélas ! elle eut le malheur de perdre ses parents bientôt et seule dans le monde, sans ressources, belle, exposée à mille dangers, la pauvre orpheline s'égara.

Un jour, elle était à Québec, errante par les rues, lorsqu'elle fut rencontrée et recueillie par des sœurs du Bon-Pasteur.—Ces religieuses, quoique d'une communauté différente, se dévouent à la même œuvre que nos mères.—Elles se fit catholique et quelque temps après manifesta un ardent désir d'embrasser la vie religieuse ; mais les sœurs du Bon-Pasteur de Québec n'ont pas de madeleines, la pauvre jeune fille vint donc ici et fut admise parmi nous, après avoir passé quelques mois chez les pénitentes. Ses bonnes dispositions la firent juger digne de prendre le saint habit un mois après son entrée. On l'appela sœur Madeleine de Ste-Cécile, prénom de sa charitable bienfaitrice, Madame Frémont de Québec. Pendant son noviciat et même après, la jeune convertie eut de grands combats à soutenir contre elle-même. Elle avait une volonté impérieuse, un caractère hautain et se pliait avec peine sous le joug de l'obéissance religieuse. Mais était-elle vaincue dans la lutte, elle était la première à le regretter et à s'imposer des punitions. Elle persévéra courageusement, se corrigea de ses défauts et se fit bientôt remarquer par sa fidélité à la règle et par son esprit de foi. Elle tomba

bservations
i répondait
les saintes
s étudierai,
t pénétrant,
Mais hélas !
is bientôt et
lle, exposée
ara.
par les rues,
ar des sœurs
e d'une com-
ême œuvre
et quelque
d'embrasser
-Pasteur de
re jeune fille
après avoir
. Ses bonnes
ndre le saint
appela sœur
a charitable
ec. Pendant
nvertie eut
-même. Elle
tère hautain
e l'obéissan-
lans la lutte,
s'imposer des
t, se corrigea
r par sa fidé-
Elle tomba

alade et s'éteignit doucement, quelques jours plus
rd, dans les sentiments d'une entière confiance en
divine miséricorde.

Après ce récit, une professe madeleine lut l'adres-
. qui suit :

Monseigneur,
Révérends Pères,

Aujourd'hui que le grain de sénevé a produit sur
otre sol canadien de nombreux rameaux protecteurs
ui projettent leur ombre bienfaisante sur une
grande multitude d'âmes, nous sommes heureuses
élever la voix dans ce grand concert de louanges,
ue tant de cœurs reconnaissants font entendre à
gloire de Dieu ! l'accent de la gratitude s'échappe
e nos cœurs en ce jour solennel et nous fait adresser
ciel une fervente prière qui s'élèvera, nous l'es-
érons, comme un nuage d'encens embaumé jusqu'au
ône de l'Eternel.

Destinée à être le complément de l'œuvre subli-
e de N.-D. de Charité du Bon-Pasteur, notre petite
ommunauté fut fondée à Angers en 1831 par notre
igne Mère Fondatrice, Marie de Ste Euphrasie.
oujours inspirée par son noble et maternel dévoue-
ent, elle ne négligea rien pour nous procurer tout
e qui pouvait contribuer à notre bonheur sur cette
rre. Son zèle eut d'heureux résultats. A combien
âmes n'a-t-elle pas procuré les jouissances solides
une profonde retraite et de la vie de prière, les
isant ainsi passer aux joies immenses et sans fin
e la céleste récompense !

4

Que de faveurs les Madeleines de Montréal ne doivent-elles pas aussi à toutes ces bonnes Mères du Bon-Pasteur qui nous dirigent dans la voie de la perfection. Grâce à l'institution de notre humble communauté, nous passons notre vie dans une atmosphère de paix, de quiétude, de bonheur pur et véritable, entourées des tendres sollicitudes de nos zélées directrices.

Permettez-nous ici, Monseigneur, d'offrir à Votre Grandeur, nos humbles actions de grâces pour la grande part de bienfaits et de dévouement qu'elle à apportée à notre bonheur. C'est sous votre vigilance paternelle que notre petite communauté a surgi et qu'elle s'est développée. Merci donc, Monseigneur ! Que le ciel vous accorde, ainsi qu'à tous nos Bienfaiteurs la récompense promise par le Bon Pasteur à tous ceux qui s'appliquent à marcher sur ses traces en faisant le bien.

Après s'être inclinées profondément les Madeleines se retirent pendant que la musique se fait entendre de nouveau. Elles sont suivies de nos chères pénitentes avec leur costume noir, au nombre de cent quarante. En tête est la bannière de la classe. Quand toutes furent placées, elles formaient deux demi-cercles. L'une d'elles fit le petit récit suivant :

Depuis cinquante ans, au-delà de quatre mille personnes sont entrées dans la classe des pénitentes. Sur ce nombre, plusieurs sont devenues madeleines ; d'autres se sont engagées à ne point quitter le bercail en se consacrant au Bon Pasteur. Les annales sont remplies de faits édifiants qui montrent d'une part, la rage de Satan contre les âmes et de l'autre, la puissan-

del.i grâce qui fait triompher des plus grands obs-
cles.

Une autre prit ensuite la parole : Nous sommes de
famille. La joie est au foyer, nous en réclamons
tre large part. La joie ! qu'elle est solide, quand
le est vraie, qu'elle est douce quand elle est pure,
l'elle est consolante quand elle vient du ciel ! C'est
vôtre, Mères vénérées. Vous l'avez cherchée loin
u monde, vous l'avez trouvée en religion, vous en
uissez dans les œuvres de zèle et vous la donnez
toutes celles à qui vous daignez tendre la main.
ette joie nous l'avons connue et goûtée au beau jour
e l'innocence; nous l'avons pleurée au jour de l'éga-
ment, nous l'avons ressaisie au jour du repentir et
ous la tenons aujourd'hui étroitement pressée sur
os cœurs guéris. Non, non, nous ne voulons plus la
erdre. Mais qu'il vous en a coûté à vous pour nous
à rendre !

Mères fondatrices, pour nous vous avez quitté le
ionastère, témoin de vos premiers engagements ; on
ous l'a dit bien souvent la distance ne peut rompre
es unions faites en Dieu, mais qui peut faire oubli-
r les douleurs de l'absence ? Pour nous, vous avez
it adieu au sol natal et laissé dans les larmes des
imilles, des parents, des amis que vous ne deviez plus
evoir ici-bas ; pour nous vous avez affronté les mers,
eurs tempêtes et leurs naufrages ; pour nous enfin,
ous avez fondé sur la terre étrangère, dans cette
ille de Montréal, au milieu des plus dures privations,
n asile, un refuge où tant d'âmes ont trouvé, après
orage, la sérénité d'un ciel qui n'avait plus de sou-
ires pour elles. Que vous devez être fières des pro-

grès de votre œuvre quand vous la contemplez du
haut des cieux, quand vous revoyez les lieux que
vous avez foulés de vos pieds, arrosés de vos sueurs,
remplis de vos travaux et du parfum de vos vertus!

A vous, Mères tendrement aimées, revenait l'hon-
neur de continuer leur œuvre. Formées à si noble
école qui, plus que vous, en étaient dignes ? Le che-
min était tout tracé, vous y êtes entrées ; l'exemple
était entraînant, vous l'avez suivi, l'élan était irré-
sistible, il vous a emportées, la semence avait déjà
produit des fruits, vous les avez multipliés. L'humble
refuge de la rue Brock, témoin de vos premières souf-
frances, n'est plus qu'un souvenir cher à bien des ti-
tres ; il s'est effacé devant les proportions plus mo-
numentales du monastère où nous sommes aujour-
d'hui. Ici, l'air est plus pur , l'espace plus étendu, l'â-
me plus à l'aise. Ici, nous venons plus nombreuses et
votre charité nous accueille avec le même amour, la
même bienveillance. Comme votre charité pour nous,
votre pauvreté est restée la même, la beauté du nou-
vel édifice n'a rien changé aux conditions de notre
existence. Souvent même, pour nous dissimuler l'in-
suffisance de vos ressources, vous avez dû, avec la
permission de l'ordinaire, franchir le seuil du cloître
pour tendre la main à la générosité publique, afin
de nous apporter le soir le pain de la charité qui de-
vait nous nourrir. Ces industries que vous avez vou-
lu nous cacher sont venues jusqu'à nous et n'ont pas
peu contribué à vaincre les résistances des moins
soumises. Aussi, que de retours à Dieu, que de con-
versions sincères et durables, que d'affections à l'é-
preuve du temps et des distances ! ! !......

ntemplez du
es lieux que
 vos sueurs,
 vos vertus!
venait l'hon-
s à si noble
es ? Le che-
 ; l'exemple
an était irré-
e avait déjà
és. L'humble
mières souf-
 bien des ti-
ons plus mo-
mes aujour-
s étendu, l'â-
mbreuses et
ne amour, la
é pour nous,
auté du nou-
ns de notre
simuler l'in-
dû, avec la
il du cloître
blique, afin
rité qui de-
s avez vou-
et n'ont pas
 des moins
que de con-
ctions à l'é-

Les unes ont trouvé la joie, d'autres ont eu le bon-
eur de la voir s'affermir, toutes ont pleuré sur les
aiblesses du passé et l'âme renouvelée n'a pas vu
ans la mort l'heure du châtiment, mais le jour de
a délivrance et du parfait repos.

A vous, nos mères, qui êtes tout pour nous ; à vous,
aint Fondateur, qui avez conçu et réalisé l'œuvre
u Bon-Pasteur ; à vous grand Evêque, qui l'avez in-
roduite dans notre ville ; à vous, Bienfaiteurs insi-
nes, dont l'inépuisable charité a tant de fois et si
ongtemps secouru nos infortunes ; à vous, dignes
Chapelains et dévoués Supérieurs, qui avez rendu la
aix à nos âmes ; à vous enfin, digne successeur d'un
llustre Prélat, qui, depuis trente-quatre ans prodi-
uez à nos mères vos soins et vos sollicitudes, nous
offrons nos vœux et disons : merci, inviolable atta-
chement, éternelle reconnaissance !

Après avoir déposé leur drapeau sur l'estrade, les
énitentes se retirent et les enfants de l'école de ré-
forme apparaissent à leur tour portant leur bannière
et chantant le gai refrain :

Pour ce beau jour de fête
Venez, venez mes sœurs,
Que chacune s'apprête
A s'unir à nos chœurs

Lorsqu'elles furent placées, elles exprimèrent les
sentiments de leur âme par des récits entremêlés
de chants.

Monseigneur,
Révérends Pères,

Aux joies trompeuses du monde, apparaissant à notre âge sous des dehors si séduisants, il fallait opposer les plaisirs purs de la jeunesse, le travail qui ennoblit l'existence, l'étude et la prière, enfin tout ce qui prépare à être la femme forte. La Providence nous a fait trouver dans cette maison tous ces avantages. Notre classe qui fut établie en 1870 a produit jusqu'à ce jour, grâce au zèle et au dévouement de nos Mères les plus consolants effets. Aussi, en ce précieux cinquantenaire, nous sentons le besoin de dire combien nous sommes reconnaissantes à nos Mères pour leur sollicitude et leur tendrésse.

Chant:

Chaque fleur, d'une sainte et féconde rosée
Ici sans cesse est arrosée,
Et dans ce sol aimé des cieux
Boit le suc le plus précieux.

La piété, l'expérience
A pleines mains dans nos sillons
Versent la fertile semence
De leurs vertus, de leurs leçons.

Refrain :

Leçons maternelles
Exemples si beaux,
De nos cœurs fidèles
Soyez les flambeaux,
Soyez notre guide.

Toujours, ici-bas ;
Soyez notre égide,
Protégez nos pas.

C'est dans cette maison que nous sommes venues tremper nos âmes à la source des divins remèdes et fermir nos cœurs contre les dangereux écueils du monde. C'est dans cette maison que plusieurs d'entre nous se sont préparées à recevoir pour la première fois le Pain des forts, faveur insigne dont nous aurons peut-être été privées à jamais si le Bon Pasteur ne nous eût amenées ici. D'autres ici encore sont entrées dans le bercail de l'Eglise et ont reçu la grâce du baptême. D'autres enfin guidées par l'ange de la mort nous ont quittées pour l'éternelle patrie.

Pour tous ces bienfaits, n'avons-nous pas raison de nous écrier : Amour ! reconnaissance ! oui, amour et reconnaissance à l'Eternel Pasteur ! Gloire et louange à Marie, notre refuge et notre soutien, à la Vierge des Douleurs sous la protection de laquelle notre classe a été placée ! Merci à vous, vénérable Archevêque si bon pour nous. Merci à vous, nobles Prélats qui daignez rehausser par votre présence, l'éclat de cette fête de famille. Acceptez aussi notre gratitude, dignes membres du Clergé, toujours si bienveillants et si dévoués pour notre cher bercail.

Chant :

Fête de mon couvent, soins de nos bonnes Mères,
Demeurez dans mon cœur comme un cher souvenir.
Pieux enseignements, que vos saintes lumières,

Dirigent tous les pas de mes jours à venir.
Toujours, crois-moi, maison mille fois chère,
Pour toi seront mes vœux et mes amours.
Contre Satan luttant sous ta bannière,
Je veux finir le dernier de mes jours.

Leur drapeau prend place à côté des autres. Tandis qu'elles s'éloignent, nos petites filles de la Préservation arrivent à leur tour aux sons joyeux d'une musique qui porte à la gaieté. Qu'il est gracieux ce petit monde de cinq à neuf ans vêtu de blanc.

Le petit visage de ces chères enfants rayonnait de bonheur. En prenant leurs places, elles saluent gracieusement Monseigneur et les invités. Elles s'échelonnent en rangs sur l'estrade, les plus petites formant le premier. Une de nos plus grandes tenant la bannière, parle en ces termes :

C'est en 1870, que l'école d'Industrie fut ouverte aux petites filles orphelines ou privées de parents capables d'en prendre soin. Placée sous le patronage de St Joseph, cette école a reçu au-delà de mille enfants qui ont été instruites et formées à la vertu. L'une d'elles, âgée de huit ans, du nom de Salomée a laissé un souvenir de zèle bien extraordinaire chez une enfant de son âge. Elle se privait de son dessert ou d'un amusement agréable pour obtenir la conversion des pécheurs. Voyait-elle quelques unes de ses compagnes désobéir ou manquer au règlement, elle faisait des actes de contrition pour elles. Chargée d'enseigner le catéchisme à une compagne dépourvue de talent, elle s'acquittait de sa tâche avec un infatiguable dévouement. A tout instant elle se recueil-

venir.
chère,
mours.
mière,
jours.

autres. Tan-
de la Préser-
yeux d'une
cieux ce pe.
lanc.

rayonnait
les saluent
s. Elles s'é-
petites for-
les tenant la

fut ouverte
parents ca-
patronage
de mille en-
vertu. L'u-
Salomée a
inaire chez
son dessert
r la conver-
nnes de ses
ement, elle
s. Chargée
gne dépour-
avec un in-
e se recueil-

ait et priait pour obtenir à son élève la grâce d'apprendre plus facilement, La prière de Salomée eut enfin son plein effet ; la petite finit par apprendre on catéchisme et devint plus tard exemplaire. Comme dans l'après-midi, les plus jeunes ont un peu plus de liberté et qu'il leur est permis alors de laisser leur travail, notre pieuse Salomée en profitait pour organiser des processions. Les chères enfants allaient devant l'image du Sacré-Cœur de Jésus ; là, elles s'agenouillaient et priaient pour la conversion des pécheurs, quelquefois les bras en croix, d'autres fois, les mains élevées vers le ciel, suivant toujours l'exemple de Salomée.

Ce trait choisi entre beaucoup d'autres, montre le bien qui se fait dans notre classe, parmi celles qui profitent de l'avantage d'y être élevées.

Dès qu'elle eût fini, toutes, petites et grandes, chantèrent en chœur ce joyeux refrain :

Amour ! reconnaissance !
Enfants du Bon-Pasteur.
Que de nos cœurs s'élance
Un hymne de bonheur !
Oui, laissons notre âme redire
Le doux refrain de ce beau jour.
Que tout ici chante et respire
La reconnaissance et l'amour.

C'était le dernier drapeau de nos œuvres. Bientôt survient une autre petite fille portant une bannière sur laquelle ont lit : " NOS FONDATIONS. " Elle est suivie de trois autres enfants, dont les bannières disent les noms des trois maisons du diocèse de Mont-

5

réal : ACADEMIE ST LOUIS DE GONZAGUE, ST HUBERT, ASILE STE DARIE. Pendant qu'elles se rangent sur l'estrade, la musique change subitement et commence la marche des missionnaires de St Ignace. On se retourne et on aperçoit six petites filles vêtues de blanc, comme les premières, portant chacune le pavillon national du pays qu'elle représente : QUITO, LIMA, GUARANDA, HALIFAX. ST JEAN, BOLIVIE. Quand elles ont pris place sur l'estrade l'enfant qui porte la bannière de l'Académie parle ainsi :

Bien qu'à l'exemple de celui dont elle est l'imitatrice la religieuse du Bon-Pasteur se dévoue avant tout à l'œuvre des brebis malheureuses qui désirent revenir au bercail, elle exerce aussi son zèle sur les âmes pures qui viennent se placer sous sa direction. De là ces pensionnats de jeunes filles que la congrégation du Bon-Pasteur a cru devoir établir dans plusieurs pays. Ces petits noviciats comme les appelle le vénérable Père Eudes, sont autant de pépinières qui fournissent des sujets à la communauté.

Dès l'origine de la fondation de Montréal, il fut décidé de fonder un pensionnat de jeunes filles. Ce projet fut mis à exécution dans l'automne de 1846.

Cette œuvre a donné cinq supérieures à la congrégation, outre plusieurs autres religieuses, qui, après avoir reçu leur première éducation dans une maison du Bon-Pasteur, se sont senties portées à marcher sur les traces de leur maîtresses et ont travaillé avec elles au salut des âmes.

Quand cette enfant eut fini de parler celle qui portait le drapeau de l'asile Ste Darie s'approcha et s'exprima comme suit : .

HUBERT, ASILE
sur l'estrade,
nence la mar-
1 se retourne
e blanc, com-
avillon natio-
IMA. GUARAN-
elles ont pris
bannière de

e est l'imita-
évoue avant
qui désirent
1 zèle sur les
sa direction.
ue la congré-
blir dans plu-
les appelle le
pinières qui

al, il fut dé-
illes. Ce pro-
le 1846.
à la congré-
s, qui, après
une maison
à marcher
nt travaillé

elle qui por-
cha et s'ex-

L'année 1873 marqua le commencement d'une œuvre désirée depuis longtemps : l'œuvre des prisons. Le Bon-Pasteur ne se contente pas de recevoir les brebis qui viennent volontairement se jeter dans les bras, il va à la recherche des brebis perdues et trouve son bonheur à les prendre dans les pièges ingénieux de sa tendresse.

Après 29 ans d'attente et de prières la communauté commença à exercer sa charité parmi les prisonnières : c'était l'un des vœux les plus ardents des vénérées Fondatrices.

Sur les représentations de notre vénéré Prélat, alors chanoine et supérieur de la communauté, dit ensuite l'enfant qui représentait la mission de Quito, notre Mère Générale avait demandé à la maison de Montréal des sujets pour aller remplir l'office du Bon Pasteur dans l'Amérique du Sud.

Le 1er mars 1871, six religieuses de ce monastère entreprenaient un long et pénible voyage dabord sur les deux océans, puis à travers des montagnes remplies de dangers de toutes sortes et se dirigeaient vers Quito, capitale de l'Equateur. Le voyage dura cinq semaines. L'illustre Président de l'Equateur, Garcia Moreno, prit la petite caravane sous sa protection. Il se fit, des sœurs du Bon-Pasteur, des auxiliaires dans l'œuvre de restauration morale dont il avait conçu le projet. Garcia Moreno est mort sous le poignard de la franc-maçonnerie, mais il a laissé la maison solidement établie ; elle est aujourd'hui un monastère provincial qui compte lui-même quatre fondations.

La représentante de Lima prit alors la parole et s'exprima ainsi :

L'Amérique Méridionale était destinée à être le champ du Bon-Pasteur. Déjà l'Equateur avait sa bergerie. Le Pérou devait avoir son tour. Monseigneur Roca fut ici l'instrument de la Providence. A la suite d'arrangements avec ce dévoué Prélat, sept professes de Montréal s'embarquèrent à New-York le 15 août 1871 et arrivèrent à Lima après une heureuse traversée le 1er septembre, dans l'octave de la fête de sainte Rose, patronne du pays. Monseigneur Roca les reçut avec des démonstrations de joie : " C'est sainte Rose qui vous amène, s'écria-t-il ; oh ! que de bien vous allez faire ici. " Il leur raconta plusieurs faits arrivés à Lima, bien propres a prouver que le ciel y voulait le Bon-Pasteur. Comme Quito, Lima est maintenant constituée en province à laquelle se rattache trois maisons où se font toutes les œuvres du Bon-Pasteur.

Puis ce fut le tour de Guaranda de se faire entendre : Guaranda est une ville de la république de l'Equateur.

Le 8 novembre 1887, le monastère de Montréal envoya sept religieuses à l'Equateur pour fonder une mission à Guaranda et se mettre au service de la supérieure de Quito pour le développement de l'œuvre du Bon-Pasteur. L'épreuve a été tout particulièrement le cachet de cette nouvelle fondation. Grande pauvreté, difficultés avec le Gouvernement, tremblements de terre, maladies, mortalités, voilà d'une manière sommaire les souffrances des missionnaires de Guaranda. Malgré tout, l'œuvre subsiste, le bien s'y

la parole et
née à être le
r avait sa ber-
Monseigneur
nce. A la sui-
t, sept profes-
w-York le 15
une heureuse
e de la fête de
gneur Roca les
" C'est sainte
e de bien vous
s faits arrivé
ciel y voulait
st maintenant
rattache trois
du Bon-Pas-

e faire enten-
iblique de l'E-

Montréal en-
ur fonder une
vice de la su-
nt de l'œuvre
t particulière-
ation. Grande
nent, tremble-
oilà d'une ma-
issionaires de
te, le bien s'y

it ; un grand nombre d'enfants y sont accueillies
y reçoivent tous les enseignements de la vie
rétienne.

La quatrième enfant nous parla ensuite d'Halifax.
a fondation date de la fête du Sacré-Cœur de Jésus
n 1890. Monseigneur O'Brien, Archevêque d'Hali-
x, aidé du révérend Père Murphy, a commencé cet-
nouvelle maison. Elle ne compta d'abord que trois
ligieuses, mais maintenant, c'est une fondation pros-
ère qui promet beaucoup pour l'avenir. Halifax est
ne ville remarquable par l'exercice de la charité.
ien que la communauté n'ait que quatre ans d'ex-
tence, elle compte déjà plusieurs insignes bienfai-
eurs et bienfaitrices qui lui ont fait des dons prin-
iers variant de mille à *vingt-* mille dollars. Que Dieu
leur rende au centuple !

La cinquième enfant parla ainsi de Saint-Jean : A
a province de la Nouvelle-Ecosse succéda la province
u Nouveau-Brunswick, sa sœur, qui demanda au
onastère de Montréal, par la bouche de son vénéré
vêque, Monseigneur Sweeney, de lui donner quel-
ues religieuses. L'appel ne pouvait manquer d'être
ntendu. La Providence qui règle toutes choses, ici-
as, rend possible le bien qu'elle daigne accomplir par
otre entremise. Dieu voulait cette fondation. Aussi,
es moyens furent-ils promptement trouvés. Le 13
oût 1893, une colonie de sœurs du Bon-Pasteur s'ins-
tallait dans l'ancien pensionnat des dames du Sacré-
Cœur près de la cathédrale et commençait l'œuvre
du salut des âmes. Le monastère de Saint-Jean est le
Benjamin de la province du Canada ; il est traité par
le vénéré Prélat de Saint-Jean avec une tendresse et

une affection toute paternelle. En retour sa nouvelle famille a pour lui une affection toute filiale.

Enfin la sixième enfant-dit quelques mots de la Bolivie. ;

Le Monastère de Montréal a le bonheur d'avoir quelques unes de ses filles dans la contrée lointaine de la Bolivie, Amérique du Sud. Pour arriver là, il a fallu à ces dévouées missionnaires gravir des montagnes escarpées, dont le sommet s'élève à plusieurs mille pieds. Elles ont dû au moyen de cordes se faire descendre dans des abîmes. Rien n'a pu les arrêter. Elles ont réussi à planter le drapeau du Bon-Pasteur sur ces terres sauvages, ou plusieurs âmes leur doivent, après Dieu, d'avoir été arrachées au démon et remises sur le chemin du ciel.

Ce dernier récit achevé, plusieurs petites filles de la préservation viennent rejoindre leurs compagnes sur l'estrade. Cinq des plus jeunes portaient des bouquets. Ce tableau final était ravissant : les petites filles vêtues de blanc, les drapeaux et les bannières aux couleurs variées, enfin les fleurs, tout faisait dire ; c'est quelque chose de grand dans sa simplicité.

Toutes chantent alors avec entrain le refrain suivant :

Ce matin à l'aube discrète,
Une voix chantait dans nos cœurs !
Ses accents vibrants de bonheur
Annonçaient un beau jour de fête.
Dans notre parterre coquet,
S'entr'ouvraient mille fleurs nouvelles :

sa nouvelle
iale.

mots de la

eur d'avoir
se lointaine
river là, il
des monta-
lusieurs mil-
se faire des-
arrêter. El-
Bon-Pasteur
s leur doi-
u démon et

tes filles de
compagnes
rtaient des
les petites
s bannières
aisait dire;
licité.

refrain sui-

urs !

ête.

ivelles :

Nous avons choisi les plus belles
Pour en composer ce bouquet.

Puis une toute petite s'approcha et chanta ce solo :

Aux fondateurs insignes
J'offre ce petit don.
Tout gentil, tout mignon.
A tous, dit-il, par signes
Je conviens en cadeau,
De m'avoir tous sont dignes :
Eux....si bons, moi....si beau.

Les applaudissements interrompirent la cantatrice,
mais elle laissa applaudir et continua sans se trou-
ler. Le chœur reprit :

Que de notre hommage
Le pieux langage
Soit l'écho du cœur
Auprès du Seigneur.
Qu'en ce jour de fête,
Cent fois il répète :
Agréez nos vœux,
Rendez-les heureux.

Ce refrain fut chanté, après chaque couplet excep-
té le dernier . Le deuxième solo s'adressait à Monsei-
gneur :

En ce jour mémorable
Reçois avec ces fleurs
Le merci de nos cœurs.
O Pasteur vénérable

Leurs parfums, leurs couleurs
Montant vers l'Adorable
Lui diront tes faveurs.

Le troisième s'adressait aux bienfaiteurs :

Les richesses divines
Seront, cœurs généreux,
Votre centuple aux cieux.
Mais nos mains enfantines
Ont mis dans ces fleurs d'or
Tous nos cœurs d'orphelines.
Vous aimez ce trésor.
Vivez longtemps encor.

Enfin le quatrième parlait des morts :

Ici-bas tout succombe,
Même les plus grands cœurs.
Vous le savez, mes sœurs,
Plus d'une froide tombe
A vu couler nos pleurs.
Que ce rameau qui tombe
Redise nos douleurs.

Le silence se fit pendant quelques instants, puis la
musique préluda à un autre morceau de chant, dont
une des plus grandes chanta le solo :

Aux fondateurs, fondatrices
Qui daignent tant nous aimer,
Aux bienfaiteurs et bienfaitrices,
Que nos voix voudraient nommer,

A tous les amis qu'ensemble
Près de nous ce jour assemble,
A vous surtout, Monseigneur,
A vous, bon supérieur,
Que Jésus, donne
Une couronne
Dans son doux séjour !
O beau jour,
Fais-nous, nous-mêmes
Leurs diadèmes.
Place-nous près d'eux,
Jour heureux.

Une cantate chantée par la communauté couronna la séance.

Récit :

Pour toi bien-aimé monastère,
Doux et charmant séjour,
Monte vers Dieu notre prière,
Nos chants en ce beau jour.

Solo et chœur :

Loin des faux plaisirs de ce monde
Dont les vapeurs souillent les airs,
Loin des bords où toujours gronde
L'orage et brillent les éclairs,
Nous respirons dans cet asile
Les doux parfums de la paix, du bonheur.
Notre cœur bat calme et tranquille
Dans ce bercail du céleste Pasteur.

6

Solo et chœur :

A la vertu livrant son aile
Notre âme ici peut prendre son essor.
Tout souriant, Jésus, auprès de lui l'appelle :
" Monte plus haut, dit-il, plus haut, plus haut encor "
Comme au désert l'aigle fixe et contemple
De l'astre roi le globe lumineux,
Soleil divin, tu nous vois dans ton temple
Avec amour sur toi fixer nos yeux.

Chœur :

Ici le lys de la vallée
Déjà si blanc, si gracieux,
Voit sa corolle immaculée
S'embellir au souffle des cieux.
Ici notre berceau fut un rude calvaire,
Mais bientôt des jours radieux,
Nous ont fait oublier ces heures sans lumière.

Solo et chœur :

Suivons nos saintes dévancières,
Leur voix nous appelle aux combats,
Mes sœurs, qu'il doit nous rendre fières
L'étendard qui guide nos pas.
Dans ses nobles plis la victoire
Flottait jadis, qu'elle y flotte pour nous.
A lui l'honneur, à lui la gloire,
Gardons lui ces trésors, tous deux lui sont si doux

Quand les applaudissements eurent cessé, Monseigneur se leva pour adresser quelques paroles à l'au-

ditoire. Nos âmes émues n'oublieront jamais la bien-
veillance toute paternelle de cette touchante allocu-
tion : " La séance à laquelle vous venez d'assister
n'a pas manqué, j'en suis sûr, de vous intéresser vi-
vement. Tout ce que vous avez entendu, tout ce que
vous avez vu, a dû accroître singulièrement l'esti-
me que vous faites de cette institution. Mieux que
jamais vous devez comprendre maintenant le bien
qui se fait dans cette maison. Mieux que jamais vous
devez apprécier les grandes œuvres que la religion
et la charité réalisent ici depuis un demi-siècle. Vous
l'estimiez cette pieuse communauté, vous aviez rai-
son. Vous comprenez maintenant qu'elle a droit ré-
ellement à toute votre estime et à toutes vos sympa-
thies. A vous maintenant de vous souvenir de tout
ce que vous avez vu, de tout ce que vous avez enten-
du pour faire connaître et faire estimer autour de
vous une œuvre que malheureusement on ne connaît
pas assez, même à Montréal. Quelle est sublime la
mission de cette institution, quelle est précieuse pour
l'Eglise et pour la société. Que d'âmes en effet elle
a retirées des fanges de la corruption : que de jeunes
filles elle a retenu sur la pente du crime, que d'au-
tres elle a protégées contre les écueils du monde...
Que d'enfants elle a préservées et secourues, après
les avoir arrachées du milieu pervers où elles n'é-
taient que trop exposées a se perdre par la négligen-
ce sinon par les mauvais exemples de ceux-là même
qui auraient dû être leurs premiers protecteurs et
leurs modèles. Comme notre ville doit être fière de
voir cette œuvre établie dans ses murs depuis tant
d'années ! Comme elle doit être reconnaissante pour

le bien qu'elle en a retiré. Cette œuvre est excellen-
te. Cette vérité ressort avec évidence de la vie de la
vénérée Mère Fondatrice, qu'on vient de publier.
On voit combien Dieu l'a pour agréable : combien
elle est utile au salut des âmes. On comprend en
faisant cette lecture pourquoi, malgré des contradic-
tions de tout genre, les monastères du Bon-Pasteur
se sont multipliés prodigieusement, et pourquoi il
s'en trouve maintenant dans les cinq parties du
monde, au nombre de plus de deux cents.

Donnez donc, ajouta-t-il, donnez au Bon-Pasteur,
vous ne sauriez mieux placer votre charité." Mon-
seigneur, après avoir montré que parmi ceux qui se
sont occupés du Bon-Pasteur, tant en France qu'au
Canada, plusieurs étaient évêques ou le sont deve-
nus par la suite, en conclut qu'il est dangereux de
travailler à cette œuvre. Cette conclusion amusa
beaucoup l'auditoire qui ne manqua pas d'en faire
l'application à Monseignenr lui-même ainsi qu'à M.
le chanoine Racicot notre supérieur actuel. En ter-
minant Monseigneur nous félicita d'avoir chanté la
messe en plain-chant. Il nous encouragea à continuer
et exhorta les membres du clergé à donner tou-
jours une place d'honneur au plain-chant dans leurs
églises.

A la sortie de l'Archevêque et du clergé un joli
morceau de musique fut exécuté.

A 1 heure eut lieu le dîner offert à Sa Grandeur
et aux messsieurs du clergé, ainsi qu'aux bienfaiteurs
présents à la séance. La décoration était en rapport
avec la fête. Nos sœurs tourières firent le service
sous la direction de deux dames bienfaitrices de no.

tre communauté. Une soixantaine de convives parti-
cipèrent au banquet. Un goûter fut aussi offert dans
une autre salle aux religieuses venues de différen-
tes communautés, ainsi qu'aux dames bienfaitrices.

Au réfectoire de la communauté, il y eut grandes
réjouissances. Les cœurs purent se livrer à la joie
tout à leur aise.—— On comprend sans peine qu'un
grand " Dieu soit béni " fut donné à tous les repas.

A 5 heures, nous nous réunissions au chœur pour
assister à la clôture du Triduum. Le salut fut des plus
solennels. Avant le *Tantum Ergo,* le célébrant en-
tonna le *Te Deum* qui fut chanté avec entrain par le
chœur des religieuses. C'était l'hymne d'action de
grâces par lequel nous témoignions au Seigneur com-
bien nous lui sommes reconnaissantes pour tous les
bienfaits dont il nous a comblées jusqu'ici.

En inclinant son front sous la bénédiction de Jé-
sus-Hostie, chacune de nous redisait du fond du cœur :
Gloire, louange, amour, reconnaissance, à l'éternel
Pasteur ! ! ! Ces paroles nous voulons les avoir sou-
vent à la bouche ici-bas afin que le divin Epoux
nous accorde de les chanter éternellement là-haut,
en le suivant partout mêlées aux phalanges immacu-
lées des Vierges.

En attendant cette gloire ineffable, cette félicité
sans fin, ce Triduum d'actions de grâces célébrant les
Noces d'or de notre communauté à Ville-Marie pren-
dra place parmi les souvenirs les plus chers à nos
cœurs.

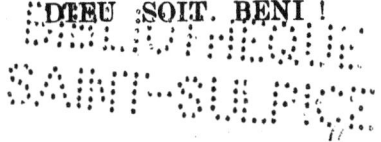

DIEU SOIT BENI !

CPSIA information can be obtained
at www.ICGtesting.com
Printed in the USA
BVHW04*1049170918

527708BV00015B/2041/P